Stolberger Liederbuch

Stolberger Liederbuch

Bibliografische Information der Deutschen Nationalbibliothek:
Die Deutsche Nationalbibliothek verzeichnet diese Publikation in der Deutschen
Nationalbibliografie; detaillierte bibliografische Daten sind im Internet über http://
dnb.dnb.de abrufbar.

Satz, Herstellung und Verlag: BoD – Books on Demand, Norderstedt
ISBN: 978-3-7519-7968-9

Redaktion und Gestaltung:

Karl-Heinz Theis

Karl-Heinz Theis, 1948 in Stolberg/Rhld. ge-
boren, hat nach seiner Schulzeit eine Lehre
als Industriekaufmann, Fachrichtung Mühle
und Landhandel, von 1963 bis 1966 bei der
Firma H.& H. Arnolds-Mühlen in Stolberg/
Rhld., absolviert. Von 1966 bis Mitte 1968 hat
er dann bei der Firma Dalli-Werke/Mäurer &
Wirtz in Stolberg, als Lohnbuchhalter und Per-
sonalsachbearbeiter gearbeitet.

Während seiner Militärzeit wurde er zum Sanitäter ausgebildet und hat
in Abendschulen dann eine Weiterbildung im EDV-Bereich durchlaufen,
welche er dann noch bis 1990 vervollständigte.

Den letzten Schritt in seinem Arbeitsleben hat dann 1970 bei der Firma
Waggonfabrik Talbot in Aachen, später Bombardier-Transportation, be-
gonnen und bis Mitte 2010, als Einkäufer durchlebt.

Seit 1995 ist er Mitglied des MGV Stolberg-Donnerberg und hat hier seinen Mitautor dieses Buches, Gunther Antensteiner, kennen und schätzen
gelernt.

Musikalische Bearbeitung:

Gunther Antensteiner

 Gunther Antensteiner, 1973 in Hagen gebo-
ren, studierte von 1994 bis 1998 Evangelische
Kirchenmusik an der Hochschule für Musik
und Tanz Köln. Nach dem A-Examen folgten
Studien in der Musikpädagogik. Von 2004 bis
2006 absolvierte er ein künstlerisches Aufbau-
studium mit Hauptfach Orgel am Conservato-
rium Maastricht. Dieses Studium schloss er im
Sommer 2006 mit dem Bachelor ab. Zahlreiche
Meisterkurse rundeten sein Studium ab.

Im Oktober 2000 wurde er in die Evangelische Kirchengemeinde Stolberg
berufen, wo er neben seinen Organisten- und Chorleiterdiensten den »In-
ternationalen Konzertzyklus auf dem Finkenberg« ins Leben gerufen hat
und betreut.

Seit 2013 leitet Gunther Antensteiner zudem den Männergesangverein der
Siedlergemeinschaft Donnerberg, seit 2018 die Chorgemeinschaft Humor-
Harmonie Brand. Als Dozent für gottesdienstliches Orgelspiel und Impro-
visation ist Antensteiner in der C-Ausbildung für Kirchenmusiker tätig.
Seine Konzerttätigkeit als Orgelsolist und Chorleiter führte ihn in der Ver-
gangenheit schon in mehrere Länder Europas und nach Südkorea.

Inhaltsverzeichnis

Einführung

Damit dieses Liederbuch erstellt werden konnte, haben uns viele Personen unterstützt.

In diesem Buch handelt es sich um Lieder, die entweder traditionell aus Stolberg stammen oder aber im Laufe der Jahre durch Anpassungen (textlich oder melodisch) mehr oder weniger Stolberger Lieder wurden.

Da nicht von allen Liedern, aufgrund ihres Alters, die Noten vorhanden sind, haben wir uns erlaubt, zu diesen Liedern die Noten selbst zu entwerfen.

Wir haben auch Lieder von Stolberger Interpreten mit aufgenommen, die über oder zu Stolberger Ereignissen ein Lied verfasst haben.

Hierbei handelt es sich im Einzelnen um:

Arndt Hamacher (†)
Bert Kloubert (†)
Kurt Schumann (Trucker Kuki) (†)

Wir sagen allen herzlichen Dank.

Die Entstehungsgeschichte dieses Buches.

Die Idee zu diesem Werk entstand 2009, nach der Gesangsaufführung des sogenannten »Projektchores«, bestehend aus 23 Sängern aus vier Männerchören, bei der »Lebendigen Erinnerungswerkstatt Stolberg« der Städte-Region Aachen auf der Stolberger Burg.

Der Chor hatte verschiedene Stolberger Lieder gesungen.

Die sehr positive Resonanz bei den Zuhörern, aber auch bei den Sängern, hat mich dazu veranlasst, zu versuchen, ein gesamtes Liederheft zu schaffen, worin möglichst viele Lieder aus Stolberg und den Stadtteilen gebündelt werden.

Hierbei haben mich viele Stolberger Bürger, Chormitglieder der Männerchöre, Interpreten, der Archivar der Stadt Stolberg, die Stolberger Nachrichten/Stolberger Zeitung und Fred Dahmen (Altstadtmusikanten) unterstützt.

Mir wurden viele Lieder zur freien Verfügung gestellt und Tipps für dieses Heft gegeben, die ich in diesem Liederheft zusammengefasst habe.

Herr Ottmar Hansen der »Stolberger Nachrichten/Stolberger Zeitung« hat mit seinem Bericht »«Wer hilft bei der Suche nach alten Schätzchen«, viele Stolberger Bürger erreicht, die entweder alte Stolberger Lieder vorgesungen haben, die wir dann aufgenommen und niedergeschrieben haben, oder mir Texte mit und ohne Noten zur Verfügung stellten.

Leider konnte ich nicht von allen Ortsteilen ortstypische Werke erhalten, so dass dieses Werk nur eine kleine Ablichtung der mir vorliegenden Lieder darstellen kann.

Sollten sich noch weitere, hier nicht aufgeführte Lieder aus Stolberg oder den Stadtteilen finden, bin ich sehr dankbar, wenn ich diese Lieder, bitte möglichst mit Noten, erhalte, um evtl. später dieses Werk ergänzt wieder auflegen kann.

Damit aber auch die Noten »stimmen«, hat mich der Kantor der evangelischen Gemeinde Stolberg, Gunther Antensteiner, unterstützt und die fehlenden Noten komponiert.

Weiterhin hat er aus den vorliegenden Unterlagen die Noten »buchgerecht« erstellt.

Das Ergebnis kann diesem Werk entnommen werden.

Meine Hoffnung ist, dass dieses Liederheft die Basis wird, um auch wieder vermehrt »unsere Lieder«, entweder zuhause, in Chören oder auch bei Musikvereinen, zum Leben zu erwecken.

Da wir leider zum großen Teil nicht mehr nachvollziehen können, wer uns welche Unterlagen zur Verfügung stellte, haben wir uns entschieden, uns pauschal bei Allen zu bedanken.

Stolberg, Oktober 2020
Karl-Heinz Theis

Die Federgans

Im Jahre 1936, als Bernd Rosemeyer mit dem »Silberpfeil« den 1. Preis auf dem Nürburgring machte, fand eine Feier der sogenannten »Werkspause« der Firma Prym statt, die vom Rundfunk übertragen wurde. Es spielte die Stolberger Kapelle »Fräsdorf« und der bekannte Sänger Willi Schneider (»Man müsste nochmals zwanzig sein...«) gastierte in Stolberg.

Bei dieser Gelegenheit muss der Straßensänger Offermanns sein Lied zum ersten Mal vorgetragen haben.

Über die Bedeutung der Federgans gibt es keine plausible Erklärung. Da früher noch viele Hühner und Gänse gehalten wurden, liegt die Vermutung nahe, dass der Texter einfach die Gans als Maskottchen genommen hat und den Text »drumherum« schrieb, um Volkstümlich-Alltägliches zu verknüpfen.

Einige Strophen sind nachempfunden von Gottfried Dahmen und »De Wäggelcher«.

Dieser Text stammt aus dem Stolberger Liederblatt Nr. 8.

2. Was trägt die Gans auf ihrem Zienchen – die Federgans?
Ganz Mausbach und Diepenlienchen
trägt die Gans auf ihrem Zienchen. Die Federgans.

3. Was trägt die Gans auf ihrem Kopfe – die Federgans?
Ganz Ketschenburg mit seinem Hopfen
trägt die Gans auf ihrem Kopfe. Die Federgans.

4. Was trägt die Gans an ihrem Bauche – die Federgans?
Den ganzen Kohlbusch mit seinem Rauche
trägt die Gans an ihrem Bauche. Die Federgans.

5. Was trägt die Gans auf ihren Füßen – die Federgans?
Stolberschs Mädchen, die wundersüßen
trägt die Gans auf ihren Füßen. Die Federgans.

6. Was trägt die Gans auf ihrem Schwanze – die Federgans?
Dr janze Prem met sing Stanze
trägt die Gans auf ihrem Schwanze. Die Federgans.

Der Vogelsänger

»Et Leddche van der Vauwelsänger«

ist in Stolberg neben dem »Hammerschmied« wohl das bekannteste und am meisten gesungene Volkslied. Der »Vogelsang« ist ein Viertel in der Oberstadt unterhalb der Burg. Vermutlich geht der Name »Vogelsang« auf eine urkundliche Erwähnung des letzten verarmten Burgherrn zurück. Darin heißt es »…er besaß nicht mehr als die Burg, einen Steinwurf weit Land und den Vogelsang.«

Als »Vauwelsänger« werden die Bewohner des Vogelsangs bezeichnet.

Das Lied wird dem Lehrer Ernst Grüber, dem Vater vom Probst Grüber zugeschrieben. Vermutlich hat dieser lediglich den Kehrreim »zum Tralala…« einem schlesischen Handwerkerlied hinzugefügt und den Text geringfügig verändert.

Es ist etwa um die Jahrhundertwende zu datieren.

Dieser Text stammt aus dem Stolberger Liederblatt Nr. 3.

1. Wenn das Glöck-lein sechs Uhr schlägt, sechs Uhr schlägt,— wird zur Ar-beit
sich be-wegt, wird zur Ar-beit sich be-wegt. Dann er - grei - fen wir Schau-fel und
Hak - ke,— und dann fan - gen wir lu-stig an zu schaf-fen. Wird's dem Mei-ster
angst und bang, angst und bang,— Vo - gel-sän-ger
schaf - fen lang, die Vo - gel - sän - ger schaf - fen lang.

Gerufen:
Einer: Wer schafft so lang?
Alle: Wir.
Einer: Wo seid Ihr?
Alle: Hier.
Einer: Was seid Ihr?
Alle: Sänger.
Einer: Was für Sänger?
Alle: Vogelsänger.
Einer: Dann lasst Euch hören!

Zum Tra - le - ra, tra - le - ra, lu - stig ist der
Vo - gel - sang, Vo - gel - sang, lu - stig ist der Sang.

2. Wenn das Glöcklein 12 Uhr schlägt, 12 Uhr schlägt,
   wird zum Essen sich bewegt, wird zum Essen sich bewegt,
   dann ergreifen wir Löffeln und Gabeln,
   und dann fangen wir lustig an zu schnabeln.
   Dann wird's dem Meister angst und bang, angst und bang,
   die Vogelsänger fressen lang, die Vogelsänger fressen lang.
   Sprecher: Wer frißt so lang?
   Alle: Wir! usw. wie oben
   Refr.:   zum Tralera usw.

3. Wenn das Glöcklein 6 Uhr schlägt, 6 Uhr schlägt,
   wird nach Hause sich bewegt, wird nach Hause sich bewegt,
   und dann zieh'n wir mit Gesang in den Vogelsang hinein,
   wo all die jungen Mädgelein sein.
   Dann wird's den Mädels angst und bang, angst und bang,
   die Vogelsängern lieben lang, die Vogelsänger lieben lang.
   Sprecher: wer liebt so lang?
   Alle: Wir! usw. wie oben
   Refr.:   zum Tralera usw.

D´r ärreme scheeve Frank

D´r Scheeve Frank hat tatsächlich um 1920 in Stolberg gelebt. Wie von älteren Stolberger Bürgern zu erfahren war, hat er seinen Lebensunterhalt dadurch bestritten, dass er täglich mit dem Arbeiterzug die Bahnstrecken Stolberg-Aachen-Düren befuhr und den Leuten auf dem Quetschbüll (Akkordeon) vormusizierte.

Er soll in der Enkereistraße im Hause Fischer bei seiner Freundin gewohnt haben.

Sie wurde, wie es im Lied erzählt wird, das Opfer eines Eifersuchtsdramas.

Das Lied ist höchstwahrscheinlich in Stolberg entstanden und ist im gesamten Aachener Raum bekannt.

Dieser Text stammt aus dem Stolberger Liederblatt Nr. 1.

1. Wer ist es, der drun-ten im Haus-flu-re steht, der das Mes-ser ge-gen sei-ne Frau er-hebt? Es ist der lust-ge Mu-si-kant, je-nannt d'r Sche-ve Frank,___ ___ der sei - ne Frau er - mor - det hat bei Fesch-esch en d'r Jank, der Fesch-esch en d'r Jank.

2. Da kam die Polizei mit festem Schritt
   und nahm den Frank zur Wache mit.
   jetzt sitzet er gefangen
   auf der Angeklagtenbank.
   ll: Kann de Monneka net spelle
   d´r ärreme Scheve Frank.:ll

3. Und wer heutzutage verheiratet ist,
   der weiß, was das Weib für ein Hausdrache ist.
   Und wer noch nicht verheiratet ist,
   der sage: Gott sei Dank.
   ll: Denn sonst könnt es ihm ergehen
   wie d´r ärreme Scheve Frank.:ll

D`r Fluhstech

Das Lied wurde etwa seit 1920 in der Gegend von Stolberg zum Frühlings-
anfang gesungen.

Ob es ein reines Stolberger Lied ist, kann nicht mit absoluter Sicherheit
behauptet werden.

Es ist jedenfalls auch als Kinderlied bekannt und wurde in englischer Text-
fassung von Doris Day in einem amerikanischen Spielfilm gesungen

Dieser Text stammt aus dem Stolberger Liederblatt Nr. 10.

2. Maht der Fluh d'r ischte Stech,
   schreit mer »AU« un dann jöscht mer sich.
   Refrain: Hei di jingela usw.

3. Wie dä Fluh beim Stech ertappt,
   wid hä jerevve und kapott jemaht.
   Refrain: Hei di jingela usw.

4. Wid et dä Fluh en et Hemp ze kalt,
   maht hä ene Sprung in der Böhmerwald.
   Refrain: Hei di jingela usw.

Der Hammerschmied

In der Kupferstadt Stolberg wird dieses Lied seit jeher gesungen.

Vermutlich ist es auch dort entstanden, da Stolbergs Geschichte von den Kupfermeistern geprägt ist.

Heute noch sind im ganzen Stadtgebiet Kupferhöfe, Schmelzöfen und Hammerwerke zu finden.

Ortsteil und Straßennamen erinnern an die Zeit der Hammerschmieden: Bernhardshammer, Plattenhammer, Junkershammer, Neuenhammer und Dollartshammer.

Der wiederholte Schlussteil des Liedes »Schmiede das Eisen, solang es noch warm ist…« wird durch das rhythmische Anschlagen des Bier- oder Weinglases mit einem Gegenstand (Feuerzeug, Schlüssel o.ä.) von allen Singenden begleitet.

Damit wird das Klingen imitiert, das beim Aufschlagen des Hammers auf den Amboss entsteht.

Bei dem Satzteil »Hoch mit dem Hammer…« wird eine Hand gehoben und bei dem Satzteil »…. nieder mit ihm« wird die zur Faust geballte Hand auf den Tisch geschlagen.

Dieser Text stammt aus dem Stolberger Liederblatt Nr. 2.

1. Es ist kein Dörf-lein zu klein, ein Ham-mer-schmied muss da-rin sein.

Es Sauf, sauf, Ham-merschmied, wir las-sen es wak-ker lau-

fen, sauf, sauf, Ham-merschmied, wir wol-len das Geld ver-sau-fen. Hoch

mit dem Ham-mer, nie-der mit ihm! Schmie-de das Ei-sen, so-

lang es noch warm ist, warm ist, schmie de das Ei-sen, so-lang es noch glüht.

2. Die Gesellen stehen am Feuer
   und singen ein fröhliches Lied.
   Die Gesellen stehen am Feuer
   und singen ein fröhliches Lied.
   Refr.: Sauf, sauf Hammerschmied usw.

3. Die Gesellen schwingen den Hammer,
   vom Ruße sind sie geschwärzt.
   Die Gesellen schwingen den Hammer
   vom Ruße sind sie geschwärzt
   Refr.: Sauf, sauf Hammerschmied usw.

D´r Moses

Dieses volkstümliche Lied, das vermutlich aus dem Stolberger Raum stammt, wurde bei festlichen Anlässen gespielt, bzw. vorgeführt. Beim Refrain »Der Moses kommt« wird eine Suppenkelle im Takt gegen einen Metalldeckel geschlagen, der auf dem Bauch des Vorführenden geschnallt ist. Die Suppenkelle ist mittels Lederriemen zwischen den Beinen gespannt. Durch leichtes Spreizen der Beine schnellt die Kelle hoch.

Dieser Text stammt aus dem Stolberger Liederblatt Nr. 7.

1. Die Sa - ra hat - te A - bra-ham ge-freit'ne lan - ge Zeit, doch
ei - nes Tags ge - schah es dann in ei - ner lausch-gen Nacht, die

sech-zig Jah - re kin-der-los, das mach-te kei - ne Freud'. Doch
Sa - ra sprach zu A - bra- ham: Ich

glaub, es ist vollbracht. Und bald da-rauf, wie wun - der - bar,_____ die

Sa-ra ei-nen Sohn ge - bar._____ Der Mo-ses kommt, der Mo-ses kommt, der

Mo - ses ist schon da, tra - le - ra - la - la,

tra - le-ra - la - la, der la la la la._____

2. Als dann die Tochter Pharaos,
   am Nil spazieren ging;
   da plötzlich sah die Kammerzof,
   im Schilf ein seltsam Ding.
   Sie hob es auf und trug es dann
   ganz sorgsam in das Haus.
   »Was habt ihr in dem Körbchen drin?«
   rief da der König aus.
   Als sie den Deckel machten auf,
   was kam denn da heraus
   Refrain: Der Moses kommt usw.

3. Zum Jüngling wuchs der Moses,
   bestaunt von Jung und Alt.
   Voll Kraft und voller Schönheit
   war seine Mannsgestalt.
   Die Mädchen schauten heimlich
   dem Jüngling hinterher,
   doch keine durfte zu ihm hin,
   die Eltern schimpften sehr.
   Doch ihre Mütter allzumal
   die riefen wenn sie Moses sah'n:
   Refrain: Der Moses kommt usw.

4. So endet die Geschichte,
   der Moses ward bekannt,
   als kluger und auch starker Mann
   weither in Stadt und Land.
   Er hatte viele Freunde
   besonders bei den Frau'n,
   drum teilte er das Rote Meer,
   und sie sind abgehau'n.
   Und am anderen Ufer dann,
   da rief ein Fischersmann:
   Refrain: Der Moses kommt usw.

D´r Paraplü

Auf Hochzeiten, Kindtaufen, Geburtstagsfeiern – immer dann, wenn ge-
feiert wurde, sang man das Lied vom »Paraplü«.

Der Vorsänger, auf einem Stuhl stehend, entfaltete einen Regenschirm, an
dessen Speichenenden verschieden Gegenstände mit Schnüren befestigt
waren.

Obenauf krönte ein Büschel Stroh den Schirm.

Während er den Schirm langsam drehte, deutete der Vorsänger mit einem
Zeigestock auf das betreffende Anhängsel, das gerade besungen wurde.

Dieser Text stammt aus dem Stolberger Liederblatt Nr. 4.

2. EINER: Es dat net e lecker Hätzje?
   ALLE: Jo, dat is e lecker Hätzje!
   EINER. Es dat net e Wibbelstetzje?
   ALLE: Jo, dat es e Wibbelstetzeje!
   Wibbelstetzje, Lecker Hetzje, Böschel Strüh, Paraplü
   O du schöner, o scharmanter,
   o du ledderlijje Paraplü.

3. EINER: Es dat net jet för ze rieve?
   ALLE: Jo, dat es jet för ze rieve!
   EINER: Es dat net för ze stieve?
   ALLE: Jo, dat es jet für ze stieve!
   För ze stieve, för zu rieve,
   Wibbelstetzje, lecker Hetzje,
   Böschel Strüh, Paraplü
   O du schöner, o scharmanter,
   o du ledderlijje Paraplü.

4. EINER:Es dat net jet för zu putze?
    ALLE: Jo, dat es jet för zu putze!
    EINER. Es dat net jet för zu fotze?
    ALLE: Jo dat es jet för zu fotze!
    För ze fotze, för ze putze
    för ze stieve, för ze rieve
    Wibbelstetze, lecker Hätze,
    Böschel Strüh, Paraplü -
    o du schöner usw.

5. EINER: Es dat net jet för zu backe?
    ALLE: jo, dat es jet für zu backe!
    EINER: es dat net jet för zu kacke?
    ALLE: Jo, dat es jet für ze kacke!
    för zu kacke, för ze backe,
    för zu fotze, för ze putze,
    för zu rieve usw.

6. EINER: Es dat net jet för ze heize?
    ALLE: Jo, dat es jet för ze heize!
    EINER: Es dat net jet für ze reize?
    ALLE: jo, dat es jet för ze reize!
    för ze reize, för ze heize,
    för ze kacke, för ze backe,
    för ze fotze, för ze putze,
    för ze stieve, för ze rieve,
    Wibbelstetzje usw.

D´r Tippo

Nach dem 2. Weltkrieg wurde im grenznahen Gebiet um Aachen kräftig geschmuggelt. Auch in Stolberg gab es Schmugglertruppen und berüchtigte Kneipen, wo das Schmuggelgut verschoben wurde. Nicht immer gelang es den Grenzgängern, den Zöllnern über die grüne Grenze zu entwischen.

Das Lied berichtet von zwei Burschen, die geschnappt wurden und ins »Tippo« (Gefängnis) marschierten.

Die Melodie ist volkstümlich und dem Lied »Dich Wilddieb, dich such ich schon lange« entlehnt. Passagen erinnern auch an »Mariechen saß weinend im Garten«.

Der Text entstammt dem Volksmund und wurde von Leo Heidenthal überabeitet.

Dieser Text stammt aus dem Stolberger Liederblatt Nr. 6.

1. Wir saßen in Belgien im Tippo,
wir beide du und ich.
Wir schrien und lärmten und traten
die Türe der Zelle bald ein.
Da kam schon der Zöllner gelaufen:
Ihr Blöden, was fällt euch denn ein?

2. Zur Strafe bleibt ihr sechs Monat,
ihr kommt noch lang nicht nach Haus.
ll: Der Manfred sagt zum Leo:
»Wir beide, wir machen uns nichts draus.«:ll

3. Die Tage und Wochen vergingen,
6 Monate waren vorbei.
ll: Auf einmal hörten wir stimmen:
»Ihr beide ihr seid nun frei.«:ll

4. Drauf kam der Tag der Entlassung,
wir durften nach Hause gehen.
ll: Der Zöllner sprach mahnend die Worte:
»Ich will euch nie wiedersehn!«:ll

5. Wir beide dachten im Stillen:
»Da kannste Gift drauf nehm«,
ll: nach Belgien kommen wir wieder,
um nicht mehr ins Tippo zu gehen. :ll

D´r Wooschpitt

Bei diesem Stolberger Lied handelt es sich um einen refrainähnlichen Spottvers. Dieser Spottvers wurde meistens im Zusammenhang mit anderen Liedern als Anhängsel gesungen. »Wooschpitt« bedeutet in Deutsch »Wurstpeter«.

Es ist der Spitzname des Metzgers Peter Schumacher, der in Stolberg lebte. Er stammte aus der Gegend von Raeren in Belgien und war zwischen 1890 und 1900 Stadtverordneter der dritten Abteilung des Dreiklassen-Wahlrechtes. Er vertrat also die Dritte Klasse, die für die einfachen Leute. In einer Stadtverordneten-Versammlung brachte er den Antrag ein, zu Karneval eine Maskensteuer zu erheben, wie es schon aus Eupen kannte. Tatsächlich beschloß man deren Einführung am 21. Januar 1895 mit folgenden Wortlaut:

»Für Maskierungen und Verkleidungen jeder Art, sofern die maskierte oder verkleidete Person sich auf den öffentlichen Straßen oder sonstigen öffentlichen Orten des Stadtbezikes zeigt, für den Tag eine Mark.

Diese Abgabe ist durch Einlösung einer Maskenkarte bei der Stadtkasse zu entrichten und muß die gelöste Karte von dem Maskierten oder Verkleideten zum Ausweis über die geschehene Abgabe mitgeführt werden.

Maskierungen und Verkleidungen von Kindern unter 14 Jahren bleiben steuerfrei«.

Dieser Text stammt aus dem Stolberger Liederblatt Nr. 9.

D'r Woosch - Pitt, d'r Woosch - Pitt, dä kritt kenn Woosch mie quitt. Hä

deht d'r Hö-kies on-ger de Woosch un wenn mer se freßt, da kritt mer Doosch. D'r

Woosch - Pitt, d'r Woosch - Pitt, dä kritt kenn Woosch mie quitt.

Et floch en Fott dat Daach erop

Während seiner Prinzenzeit 1978 hatte Arndt Hamacher dieses alte Lied erneut ins Leben erweckt.

Gemeinsam mit dem seinerzeitigen Bürgermeister Bernhard Kuckelkorn hat er dieses Lied, nachdem er weitere drei Strophen hinzugefügt hat, auf einer Schallplatte aufgenommen.

Wie kann en »Fott« met »hoddele opjestoppt« sein? – Dazu »floch« sie auch noch »dat Dach erop«! – Geht man den Dingen auf dem Grund, so wird man feststellen, dass hier das Wort »Fott« keineswegs »Gesäß« bedeutet, sondern von dem englischen Wort »football« abgeleitet ist, d.h. Fußball.

Ältere Bürger können sich gewiss noch gut erinnern, dass die damalige Jugend vor mehr als fünfzig bis sechzig Jahren kaum Geldmittel besaß, um für den damals schon recht beliebten Fußballsport einen teuren Lederball zu erstehen. So wurde die Ballhülle aus Stoff fabriziert und mit »Hoddele« (Lumpen, bzw. Textilabfällen) »opjestoppt«.

Der so entstandene »football«, auf Stolberger Platt »de Fott«, diente so den bescheidenen Ansprüchen, der damals schon sportbegeisterten Jugend.

In anderen Versionen wurde das Wort »Poop« (Stoffpuppe) ersetzt, die zur Abdichtung unterhalb der Dachpfannen eingesetzt wurde.

1. Et floch en Fott dat Daach er - op, die wor met Hod - de - le
op - je - stopt. Et floch en Fott dat Daach er - op.

2. Die Fott floch wer dä Kandel aa,
   Dä Kandel wer dat Fottlauch aa.
   Refrain: Et floch usw.

3. Die Fott die hot sich wieh jedo,
   Dä Kandel, dä wor schötzelsblo.
   Refrain: Et floch usw.

4. Dat Rothuus dat es zämlich hoch,
   dröm floch die Fott im Düsenfluch.
   Refrain: Et floch usw.

5. Op eemoll jov et enne Paaf,
   Do kom die Fott at werrem erav.
   Refrain: Et floch usw.

6. Kom wor se onge obgetitscht,
   do hott se sich dat Lauch gepitscht.
   Refrain: Et floch usw.

Löstije Stolberger Jöngelcher

Dieses Lied wird im Ursprung nach der zweizeiligen Version in Stolberg gesungen.

Seit wann dieses Lied besteht ist leider nicht mehr nachvollziehbar.

Die zweite Version wurde von Kurt Joußen (Lennet Kann) übernommen und neu arrangiert.

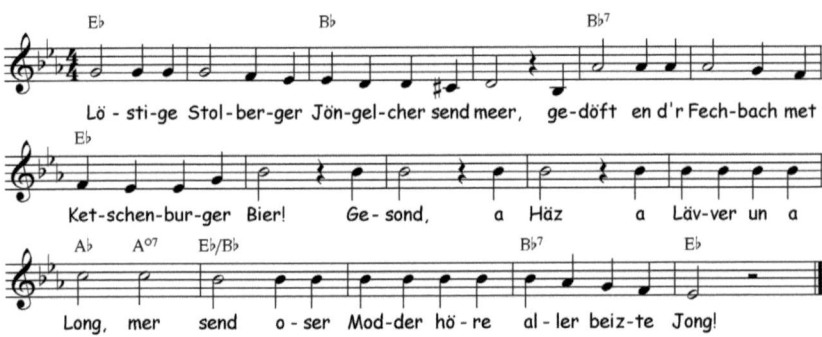

Löstige Stolberger Jöngelcher send mer

Eb   Bb   Bb7

1. En Stol-bärsch ze leä - ve, dat maat os Plä-sier, mer han all os Stadt hei hiel
2. En Stol-bärsch wood jrüe-ßer en schön-ner denn je, wä heij dat voor Joh - re je-

Eb   Eb7   Ab   Eb

jäar.   En vählt os och lang at et Ket-schen-burg-bier,   bliev
daat,   jo Venn-wä - je, Muus-bich en Bre - nich do - zo,   die

Bb   Eb   Bb   Eb

Stol-bärsch vör os doch dr Stär.   De Alt-stadt es Pronk- stöck, de
han ons Stadt völ in - je-braat.   Selvs Zwi - vel en Jres - se- nich,

Fm   Eb/G   Ab   Cm   Bb

Burch e Ju- wiel, dr Fech-bach es kräf-tig en vreij.   De
Dorff, Sche-ven-hött, och Werth rech-tich stol-ber-gischwood,   met

Eb   F7   Gm   F   Gm   F7   B

Stol-ber-ger ieh-re met Lief en met Siel hen Hej-mat en sän-ge do-beij:
Prym en dörsch Dal-li en jru-ße Jlas-hött send all van dr sel - vi-je Zoot:

Eb   Bb   Bb7

Lö - sti-ge Stol-ber-ger Jön-gel-cher send mer,   ge-döft en d'r

Eb   Eb   Ebmaj7

Fech - bach met Ket-schen-bur-ger Bier!   Ge- sond, a Häz a

Eb7   Ab   Ao7   Bb   Bb7   Eb

Läv-ver un a Long, mer send o-ser Mod-der höe-re al-ler beiz-te Jong!

Schevenhüttener Lied

Während der Nacht zum 1. Mai ziehen die Maijungen durchs Schevenhütter Dorf und treiben allerhand Schabernack.

Hierbei werden Gartentore in Bäume gehängt, der Verehrten wird ein mit Bändern geschmückter Birkenbaum in die Dachrinne, in den Kamin oder ans Fenster gesteckt: Diese Aktivitäten werden meist mit einem fröhlichen Umtrunk verbunden.

Während einer solchen Mainacht soll dieses Lied etwa 1942/43 entstanden sein, wie von Schevenhötter Jonge erzählt wurde.

Der Verfasser (wahrscheinlich mehrere) ist unbekannt.

1. Im schö-nen Sche-ven-hütt-nerLand, da nimmt man das Ge-wehr zur Hand, da gibt es so vie-le__ Strö-fer, die sind noch schlim-mer als die Fösch-ter. Wir ja-gen die Ha-sen, die Füch-se und die Reh' im schö-nen Sche-ven-hütt-ner Klee, juch-he! Wir Klee.

2. Der Staatsanwalt der spricht:
»Schon wieder ein bekanntes Gesicht,
schon wieder eine von den Alten,
in Lumpen gewickelten Gestalten.«
‖:wir jagen die Hasen, die Füchse und die Reh,
im schönen Schevenhütt'ner Klee JUCHHE :‖ Klee.

3. Wer hat das schöne Lied erdacht?
Ein Schevenhütt'ner hat's gemacht.
sein Name, sonderbar ich weiß ihn nicht.
Er sitzt im Zuchthaus und bessert sich nicht.
‖: Er reicht seinen Freunden zum Abschied die Hand,
im schönen Schevenhütt'ner Land JUCHHE :‖ Land.

Ketschenburger Bierlied

Die Ketschenburg Brauerei bestand von 1817 bis 1985 und wurde gegründet von Christoph Brückmann.

In diesen Jahren braute die Brauerei Biere nach Pilsener Brauart, Altbier sowie Lagerbier. Nach eigenen Angaben wurde zum Brauen Wasser aus einem 84 Meter tiefen Brunnen verwendet.

Dieses Lied muss vermutlich kurz nach der Firmengründung bis spätestens Mitte des 19. Jahrhunderts komponiert und gedichtet worden sein.

Leider ist es nicht mehr möglich weitere Details zu diesem Lied, insbesondere die Noten, aufzufinden.

Nachkommen bzw. Annalen der Firmengeschichte gibt es vermutlich nicht mehr; zumindest hat der Autor in der Presse und bei Historikern in Stolberg hierzu nachgefragt und leider keine Informationen erhalten.

Daher hat Herr Gunther Antensteiner nunmehr eine eigene Melodie hierzu verfasst.

T: H. Stiefermann
M: Gunther Antensteiner

1. Es wird wohl in dem deut-schen Land ge-braut manch gu-ter Trank, wohl je-dem ist das Lied be-kannt: "Lieb,Wein, Weib und Ge-sang". Doch ich, ich sag' Euch al-len hier und spre-che da-rin durch, ich mei-ne nur das köst-lich Bier der Fir-ma Ket-schen burg, ich mei-ne nur das köst-lich Bier der Fir-ma Ket-schen burg. Prost, trinkt noch-mal ein Bier von Ket-schen-burg! Prost, burg!

2. Kommt man des Abends spät nach Haus und wackelt hin und her,
   Man schläft sich dann den Kater aus, steht auf als wenn nichts wär.
   Kein Reißen man und Kopfweh hat, dass kommt allein dadurch:
   ll: Weil man den ganzen Abend hat getrunken Ketschenburg. :ll
   Refr. Prost, trinkt nochmal ein Bier von Ketschenburg.

3. Macht ihr 'ne Kindtauf, Hochzeit gar, gleich welche Festlichkeit
   In der Familie wohl im Jahr, wollt haben ihr viel Freud.
   Soll's bleiben in Gemütlichkeit die ganze Nacht hindurch:
   ll:Dann wählt zum Trank und seid gescheit ein Gläschen Ketschenburg:ll
   Refr. Prost, trinkt nochmal ein Bier von Ketschenburg.

4. Ja leider hat so mancher Mann an Geld wohl gar nicht viel,
   doch wenn er will, dann kann auch er, wohl kommen noch zum Ziel.
   Die Teurung ist wohl schrecklich groß, soll kommen er noch durch,
   ll: Dann muss er abends gehen los und trinken Ketschenburg :ll
   Refr. Prost, trinkt nochmal ein Bier von Ketschenburg.

5. Drum Männer kann ich euch empfehl'n, geht ihr mit Weib und Kind
des Sonntags heben mal ein Bier, denkt nach, wo ihr es find.
Sollt ihr es aber wissen nicht, ich tu es hier euch durch,
ll: 's ist gut für Onkel, Tant' und Nicht', das Bier von
Ketschenburg :ll
Refr. Prost, trinkt nochmal ein Bier von Ketschenburg.

Madamm de Inturie

Über die Entstehung und Herkunft dieses Liedes kann nur vermutet werden, dass es ein Spottvers auf eine höher gestellte Dame ist. (Duchesse: Herzogin).

Da Stolberg, nachdem französische Revolutionstruppen 1794 die Rheinlande besetzten, ein Kanton im Departement de la Roeur war und die Amtssprache ab 1798 Französisch, liegt der Schluss nahe, dass das Lied aus dieser Zeit stammen kann.

Der Vers wurde von einem Urstolberger, Lambert Cottin, immer im Anhängsel an verschiedene andere Lieder gesungen.

Von »De Wäggelcher« (1978 – 1989) wurde das Lied 1979 ins Repertoire aufgenommen.

Als Quelle diente eine Amateur-Tonbandaufnahme.

Dieser Text stammt aus dem Stolberger Liederblatt Nr. 11.

1. Was seh ich in der Fer-ne stehn? Gras-wid-de-wa - ski. Ein
2. Ihr Mä - del, nehmt euch nur in Acht! Dass
3. Sonst hängt man euch ne Trom-mel an. Und

Mä - del, das war wun-der-schön. Gras-wid-de-wa - ski, Bom-me-le - zi - ski,
man euch nicht zum Tam-bour macht.
wir mar-schie-ren dann vo - ran.

Bom-me-litsch-ka, Bom-me-litsch-bra, Bom-me-li-hupp-hupp, Gras wid de-wup pup,

|1.2.| |3.|

Fal-deri-o. Ihr Fal-deri-o. Ja, was ein al-ter Heu-schreck ist, der sitzt im
Sonst

Som - mer wohl auf der Wies', ja auf der Wies', da muss er sprin-gen, auf und

ab muss er nie-der - sprin-gen. Auf der Wies' ist sein Ge-spann, da

hält kein Heu-schreck an. Heu-schreck hin, Heu-schreck her, ein

al-ter Heu-schreck hoppst nicht mehr. Ma-dammde In-tu-rie, Ma

damm de In - tu - ra - gie de ku-sche-le-musch Du-ches-sie, de

ku-sche-le-musch Du-ches-sie, La-mör, La-mör, La-mör de kab-be-le ju. Wuw!

Jupp-jupp-jupp fi-de-ra-la-la, jupp-jupp-jupp fi-de-ra-la-la, La-

mör, La-mör, La-mör de kab-be-le ju. Wuw!

Des Räubers Liebe

Über die Entstehung und Herkunft dieses Liedes können nur Vermutungen angestellt werden.

Dieses Lied ist in der Reihe der Moritaten und Balladen anzusiedeln.

Der Autor und Komponist ist leider nicht festzustellen, so dass das Lied als traditionell anzusehen ist.

Das Ursprungsjahr liegt vermutlich in der 2. Hälfte des 19. Jahrhunderts und vorgetragen wurde es z.B. auf Jahrmärkten.

1. Nicht weit von hier in ei-nem tie-fen Ta-le, da stand ein Mäd chen an ei nem Was-ser-fal-le. Sie war so schön, so schön wie Milch und Blut, von Her-zen war sie ei-nem Räu-ber gut. Sie war so schön, so schön wie Milch undBlut, von Her-zen war sie ei-nem Räu-ber gut.

2. Du armes Mädchen dauerst meiner Seele,
weil ich als Räuber wohn' in einer Höhle.
ll: Ich kann fürwahr nicht länger bei dir sein,
ich muss fort in diesem Wald' hinein. :ll

3. Nimm diesen Ring, und sollte man dich fragen,
so sag, ein Räuber habe ihn getragen,
ll: Der Dich geliebt, geliebt, bei Tag sowie bei der Nacht,
und der so viele Menschen umgebracht. :ll

4. Und wenn ich endlich, endlich komm zum Sterben,
so sollst du alles, ja alles von mir erben.
ll: Ich setze in meinem Testament dich ein,
nur du allein sollst meine Erbin sein. :ll

5. Im dunklen Wald sah man Schwerter blitzen,
und sah den Räuber tot vom Pferde stürzen.
ll: Sie gruben unter einer Eich' sein Grab
und senken ihn und auch sein Pferd hinab.:ll

Ströfferleddche

Der Text und die Noten sind nach einem Textblatt des Breiniger Eifel- und Heimatvereins nachempfunden.

Als Verfasser des Liedes ist Viktor Schreiber vom Zehntloch überliefert.

Die Vertonung stammt von Jakob Berretz, genannt »dr Köster« von der Breiniger Heide.

Nach Aussagen der ältesten Breiniger Bürger liegt die Entstehungszeit um das Jahr 1900.

Die sieben Strophen sind aller Wahrscheinlichkeit nach die Originaltexte des Verfassers.

Dieser Text stammt aus dem Stolberger Liederblatt Nr. 5.

2. Der Hannes am frühesten Morgen,
   zog eilends die Kohlgass hinab.
   Er dacht' nicht an Kummer und Sorgen
   er folgt nur dem Wilde im Trab.
   Das lag auch dem Seiler im Magen,
   das tat auch dem Biermann so weh.
   Er fasste den Hannes beim Kragen
   im Schott'ro in einem Stück Klee.

3. Der Kobes, bekannt als Schütze,
   der liebt den Braten so sehr.
   Man kennt von fern an der Mütze,
   die trägt er gewöhnlich verkehrt.
   Im Stroh hat er meistens die Waffe,
   das Pulver im Portemonnai.
   Den Jägern macht er viel zu schaffen;
   im Schott'ro in einem Stück Klee.

4. Der Pitt treibt's Geschäft schon ganz pfiffig,
   bald ist ihm der Schott'ro zu klein.
   Er ist dabei auch noch so blitzig
   das ganze Revier macht er rein.
   Im Dubbelstein holt er die Füchse,
   die Hasen im Hünnijer Weh,
   versteckt dabei immer die Büchse
   im Schott'ro in einem Stück Klee.

5. Gar neulich tat man proklamieren
   eine Treibjagd zu halten im Wald,
   das ganze Revier abzuschnüren,
   das taten die Jäger alsbald.
   Die Treiber, meist Breiniger Leute,
   die größten der Wilderer nur,
   sie trieben das Wild in die Weite,
   von den Jägern fand keiner 'ne Spur.

6. Und als nun die Treibjagd zu Ende,
   da blies man zum köstlichen Schmaus,
   sie gingen dann alle zum Feuer,
   und holten Kartoffeln heraus.
   Dies machte die Jäger ganz stutzig,
   sie zahlten die Löhnung bald aus.
   Ein jeder erhielt 'ne Mark fuffzig,
   dann gingen die Treiber nach Haus.

7. Und wenn wir des Abends besingen,
   was heut' uns der Tag hat uns gebracht,
   wird Atha die Gitarr' uns bringen
   zu musizieren die ganze Nacht.
   Dann wird in der Küche gebraten
   ein Häslein oder ein Reh.
   Man braucht es ja nicht zu verraten,
   da oben, da sind ja noch mehr.

Tief im Eifelland

Dieses Lied wird sowohl in der Eifel als auch im Odenwald und dem Frankenland nach der gleichen Melodie (Walzertakt) gesungen, wenn auch oft mit unterschiedlichen Texten.

Daher ist es fast unmöglich, sowohl den Autor des Liedes und den Komponisten zu ermitteln.

Zumindest wird das Lied immer bei fröhlichen Festen gesungen und getanzt.

1. Tief im Ei - fel-land steht ein Bau - ern haus so schmuck und fein.___
In dem Bau - ern-haus wohnt ein Mäg - de-lein so zart und fein.___

Und die - ses Mäg - de - lein___ ge - hört nur

mir al - lein,___ die schö - ne Ei - fel-län - de - rin.___

2. Und im tiefen Tal rauscht der Wasserfall, ein Bächlein rinnt.
ll: Da ist mein Heimatland, wo einst mein Glück ich fand,
im schönen Eifelland. :ll

3. Und einst kommt der Tag, wo man Hochzeit macht
im Eifelland.
ll: Dann wird sie meine Frau, die sich mir anvertraut,
die schöne Eifelländerin. :ll

Stolberger Platt

Während seiner Prinzenzeit 1978 hatte Arndt Hamacher dieses Lied aus der Taufe gehoben.

Gemeinsam mit dem seinerzeitigen Bürgermeister Bernhard Kuckelkorn hat er dieses Lied auf einer Schallplatte aufgenommen.

In Erinnerung dieses Liedes in unserer Muttersprache hat der Chorleiter des MGV der Siedlergemeinschaft Stolberg-Donnerberg, Gunther Antensteiner, dieses Lied als Chorversion erstellt und der MGV hat auch schon vermehrt dieses Lied bei Aufführungen vorgetragen.

Refrain

Stol-ber-jer Platt, dat mul-le mehr bej oss do hehm, denn an-statt völl Huch-dütsch da mul-le mehr Stol-ber-jer Platt. 1. Mehr saa-re öm-me und mei-nen nicht wahr, je-der ver-steht uns ganz deut-lich und klar, mehr hannt en schünn Sproch, die söns ken-ne hat, mehr send stolz op oss Mull met dat Stol-ber-jer Platt. *zum Refrain*

2. Im Herz der Altstadt steht unsere Burg,
   Kneipe an Kneipe, mehr hannt emmer Dosch,
   und an den Theken in unserer Stadt,
   ja mehr suffe und mulle merr Stolberjer Platt.
   Refr.:

3. Wenn mehr dann schubbe, hürt sich dat su aa,
   Dömes, Du Blötschkopp, Du au jeck Trala.
   So lang mehr lääve, d'r Düvel oss hat,
   ja do liere oss Kenger merr Stolberjer Platt.
   Refr.:

Stolberg, mein Stolberg

Erika Schirmer; Hans-W. Vogl

1. Häus-chen am Hang,__ da-vor ei-ne Bank,__ am Zaun ei-ne Ro-
-se blüht. Ein Vo-gel- nest__ im Tan-nen-ge- äst,__
__ der Buch-fink singt mir__ ein Lied.__ Stol-berg, mein
Stol-berg, lass dich grü - ßen,__ lieb - li-che Stadt im tie-fen Tal.__
__ Heut muss ich geh'n, doch ich komm wie - der,__
__ sei ge - grüßt, klei-ne Stadt, viel tau-send - mal.__

2. Vom Berge schnell,
   springt munter ein Quell
   und fließt über Moos und Stein.
   Blumen und Gras
   erquicket sein Nass und will mein Begleiter sein.
   ll: Stolberg, meine Stolberg... ...:ll

3. Wer du auch bist,
   woher du auch kommst,
   hier wird es dir gut ergehen.
   Schau dich nur um
   die Welt ist so schön,
   nur richtig muss man sie seh'n
   ll: Stolberg, mein Stolberg ……….:ll

4. In mir erklingt
   ein fröhliches Lied
   und mir wird im Herz so leicht.
   Mein Blick geht weit
   und still ist die Zeit
   mein Ziel hab ich erreicht.
   ll: Stolberg, mein Stolberg……….:ll

Stolberger Nationallied

Im »Rheinischen Wochenkurier für Stolberg und Umgebung. Unab-
hängiges Organ für jedermann aus dem Volke« vom 8. Februar 1918
steht das nachfolgende »Nationallied« der Stolberger, von dem das
Blatt bemerkt, daß es sehr alt (!) sei und es schade wäre, wenn es ver-
loren ginge

Dieser Zeitungsausschnitt hat Gunther Antensteiner und Karl-Heinz Theis
»gereizt« und sie haben sich zur Aufgabe gemacht, dieses bisher in Stolberg
(fast) nicht mehr bekannte Lied wieder in Erinnerung zu rufen.

Leider gibt es von diesem Lied keine Noten und auch keine Hinweise, wie
denn das Lied in etwa geklungen haben soll.

Gunther Antensteiner hat daher eine neue Melodie für dieses Lied »er-
schaffen«, in der Hoffnung, dass sich doch einige Stolberger an dieses Lied
trauen und es singen.

2. Schön sind Italien und die Schweiz,
   das ist gewisslich wahr.
   Wo die Natur hat ihren Reiz;
   der Himmel ist so klar.
   Doch Stolberg ist in seiner Art
   ein schöner Erdenfleck,
   wo die Natur mit Kunst sich paart,
   nur gibt es hier viel Dreck.
   Refr.: Heidi, heida! usw.

3. Neapel ist 'ne schöne Stadt,
   das sagt ein jeder gleich.
   Der einmal sie gesehen hat,
   im fernen Südenreich.
   Doch was sieht man an jenem Ort,
   den Krater und den Rauch.
   Ihr könnt mir glauben auf mein Wort,
   das hat mein Stolberg auch.
   Refr.: Heidi, heida! usw.

4. Paris ist groß und weltbekannt,
   als Weltstadt unerreicht.
   Man sagt, dass in keinem Land
   ´ne andere Stadt ihr gleicht.
   Doch Stolberg ist grad auch nicht klein,
   vom Hammer bis zur Atsch,
   und wenn man sagt, es sei nicht fein,
   so ist das böser Klatsch.
   Refr.: Heidi, heida! Usw.

5. Man preist die Städte an dem Rhein,
   am schönen Stromesstrand,
   Wo wächst der edle Feuerwein
   an Berg- und Hügelwand. -
   Als wenn mein Stolberg keinen Bach
   und keine Berge hätt!
   Wie manche Gegend ist so flach
   Und lange nicht so nett!
   Refr.: Heidi, heida! usw.

6. Da prangt die Burg auf stolzer Höh;
   ein Denkmal alter Zeit,
   drin hat gewohnt die Ritterfee,
   mit goldbesticktem Kleid.
   Und Kaiser Karl, der große Held,
   kam oft von Aachen her,
   und schlug dort auf sein Jägerzelt.
   Ist das nicht große Ehr?
   Refr.: Heidi, heida! usw.

7. Drum Stolberg, dir in deiner Pracht,
   der treuen Vaterstadt,
   sei ein herrlich Hoch gebracht,
   mit dir auch dem Stadtrat,
   der weise sorgt für dein Gedeih´n,
   nach echter Väterart,
   der überlegt dabei sein,
   dass keiner zuviel spart.
   Refr.: Heidi, heida! usw.

Stolberger Kupfermeisterlied

Dieses Lied ist nach unseren Recherchen etwa Anfang 1900 beim »Kreuz-fidelen Kupferschmied« entstanden.

Auch in den »Musikalisch-literarischen Monatsberichten der Jahre 1929, 1938 und 1941« wurde über dieses Lied berichtet, (z.B. 1941, Seite 143) Der kreuzfidele Kupferschmied: Wenn ich an meinem Amboß steh. Humorist. Marsch [—], f. Salonorch. bearb. v. H. Männecke, RM 1,50. Leipzig, Grunert.)

Das nachfolgende Lied wurde neu reproduziert von Rudi Holz und die Noten wurden aufgearbeitet von Norbert Bree, Musikstudios Stolberg.

Gesungen wurde das Lied schon in vielen Ecken unseres Landes und ist daher nicht unbekannt.

1. Wenn ich an mei-nem Am-boss steh und häm-me-re tüch-tig drein und wenn mir nicht feh - let Klein-geld für Bier und Wein, dann bin ich der fi - del-ste Mann, den man sich den-ken kann, und sing' zu je dem Am-boss-schlag, so laut ich sin-gen kann: La la la la la la la la la la la la la...

2. Im Garten wächst aus Baum und Strauch der Frühling schon hervor;
   die Schwalben kehrten auch zurück ins alte Nest am Tor
   und draußen geht mein Schatz vorbei und schaut zu mir herein,
   potztausend soll man da vor Freud nicht aus dem Häuschen sein:
   Pfeifen: la la la la la la la la la usw

3. Und wenn ich einmal nicht mehr hier, weit in der Ferne bin-
   Stolberg, du alte Kupferstadt gehst mir nicht aus dem Sinn,
   denn Deine Täler, Deine Höhn' vergess' im nimmermehr,
   wenn ich dann bei der Arbeit steh, summ leide ich vor mir her:
   Summern: la la la la la la la la usw

Als Büsbach noch Gemeinde war

Von 1794 bis 1815 lag Büsbach im Kanton Eschweiler im Département de la Roer. 1816 kam Büsbach an Preußen und wurde eine Bürgermeisterei im Landkreis Aachen. 1913 musste Büsbach die Gebiete Schneidmühle und Jordansberg an Stolberg abtreten. 1935 wurde es ganz zu Stolberg eingemeindet, das damals ebenfalls im Landkreis Aachen lag und heute zur Städteregion Aachen gehört.

Über die Zeit vor 1935 hat Theo Düppengießer dieses Lied verfasst, welches dann mit der Musik von Friedel Schwarz ergänzt wurde.

Es handelt sich um einen Spottgesang auf die Unterstellung der Stolberger Bevölkerung zum Sozialverhalten bei der Verrichtung der Notdurft der Büsbacher, die angeblich auf eine wahre Begebenheit basieren soll.

1. Bei uns in Büs-bach ist es all - ge-mein be-kannt, dass man für al-les im-mer

ei - nen Aus-weg fand, ja, so ein Ba-re-sches-ser, der ist stets auf Draht,

Refrain:

er weiß in al - len Din-gen ei-nen gu-ten Rat: Als Büs - bach noch Ge -

mein - de war, da ging noch al - les auf die Bar, es gab noch

kein W C,_____ drum ka-men wir auf die I - dee!_____ Als

Büs - bach noch Ge - mein - de war, da ging noch al - les auf die

Bar, es gab noch kein W C,_____ drum

1.

ka - men wir auf die I - dee!

2.

Als dee!

2. So mancher Vogel singt im Barenland sein Lied,
   was wohl in anderen Orten ebenso geschieht,
   doch nirgendwo erklingt so klar und auch so hell
   wie hier bei uns im Barrenland das Lied der Mell:
   Refr.: Als Büsbach noch Gemeinde war usw.,

3. Ein echter Barenländer der hat ein gutes Herz,
   ist immer fröhlich und versteht auch einen Scherz.
   Wo käm wohl unser liebes Barenland auch hin,
   hätt einer auch nur etwas anderes im Sinn:
   Refr.: Als Büsbach noch Gemeinde war usw.,

Bösbijer Jonge

T: Dominikus Pieters
M: Gunther Antensteiner

1. Nun mach ens flott et Fen - ster op, et es bestemmt jett los.___ Wat
könnt dann do de Stroß e - rob, wat sengt die gan - ze Blos? Wir send al - le-
mo - le Bös-bi-ger Jon - ge,___ kom-me wir zo - sam - me,___
___ dann wet ge - son - ge:___ Hei - de - ras - ses - sa, Fal - le-
ral - la - le,___ wä dat nett kann, dä
sengt mer im - mer Ha Ha Ha.___

2. Marie dat kritt e Ständche braht,
Höt hält de Flasche m Ärm
un hat os jett parat gemat
dröm sengt de ganze Schwärm:
Refr.: Wir sind allemole usw.

3. Se stönt jetz vöre an et Hus
Marie steht en der Flur
Höt kritt jetzt enne Blomestruß
Dreb sengt de janze Chor:
Refr.: Wir sind allemole usw.

4. Oft komme wir dann spie no Hem
send stief all wie e Brett
wir hant der Botzbom voll Lehm
und senge noch em Bett:
Refr.: Wir sind allemole usw.

Das Lied von Mausbach

Dieses Lied wurde getextet von Frl. Kaussen, die viele Jahre als Lehrerin an der Mausbacher Schule tätig war.

Leider ist dem Autor das Alter des Liedes nicht bekannt und ist auch nicht aus den Originalunterlagen zu erkennen.

Jedenfalls ist es ein sehr altes Lied aus Mausbach.

Die Melodie wurde vom Volkslied »Horch, was kommt von draußen rein« übernommen.

1. Maus-bach ist mein Hei-mat-ort, jup hei-di, jup hei-da, nie-mals möch-te ich hier fort,

jup hei-di-hei-da. Hört die schö-nen Na-men all, jup hei-di, jup hei-

da, die man hier wohl fin-den kann, jup hei-di-hei-da._____

2. Essig, Benden, Schroiff und Dorf, jup heidi – jup heida
   fallen einem garnicht auf, jup heidi – heida
   Japstock, Lullu, Schmetteberg -
   jup heidi, jup heida – jup heidi heida.
   Kiere, Kuhl und Kuckertzberg -
   jup heidi – jup heida

3. Heidchen, Fleuth und Eule, jup heidi – jup heida
   kommen nach der Reihe, jup heidi – heida
   Krank und Winkel, Mausbacher Hof,
   jup heidi, jup heida – jup heidi heida.
   Büchel, Faure, Dürekoof -
   jup heidi – jup heida

4. Rote Gasse, Faule Heide, jup heidi – jup heida
   hintereinander liegen beide, jup heidi – heida
   Schurberg, Jeeße Knepp, Eifelbank
   jup heidi, jup heida – jup heidi heida.
   Kohwäje, Weihenest, Bäckich Park
   jup heidi – jup heida

5. Von Struchsmarjänn zum Wisseberg, jup heidi – jup heida
   kommt man über den Derichsberg, jup heidi – heida
   Burgholz, Lienche, Franzusekrüz
   jup heidi, jup heida – jup heidi heida.
   Wasserkull, Sössedell, Jottfretskrüz -
   jup heidi – jup heida

6. Krewinkel liegt am Waldesrand, jup heidi – jup heida
   und wird als Großstadt bald bekannt, jupp heidi – heida
   doch, wenn dieses wird geschehn,
   jup heidi, jup heida – jup heidi heida.
   werden wir auf dem Kopfe stehn -
   jup heidi – jup heida

Markuslied

Dieses Lied wurde ca. 1930 getextet und komponiert vom Mausbacher Pfarrer Arnold Ortmanns, der in der Zeit von 1860 bis 1937 in Mausbach gelebt hat.

Dieses Lied wurde dem Schutzpatron der Mausbacher Kirche »St. Markus« von Pastor Arnold Ortmanns gewidmet.

2. Der frohen Botschaft hehre Kunde
   entbietest du der ganzen Welt,
   auf das von Sündennot gesunde,
   Wer immer sie zum Leitstern wählt.

3. Des Löwen Kraft, ist deine Zierde,
   sein Mut stärkt dich zum Opfertod.
   Erfleh' uns Starkmut und Begierde
   zum Opferleben ganz für Gott.

Wölle Bunne

71

2. Musbich hat sich fein gemat, Kermes wid gefiert.
   Flaam und Taat kü anjerollt, nu mer net schiniert.
   Sett e su jott und fresst üch satt, et es van alles do.
   Platzt üsch nochher och d'r Krach, mer wäde schözelsblo.
   Dann kütt noch jarantiert, als Nachtisch schünn serviert.

3. Musbich hat völl mitgemaat en d'r zweide Kresch.
   Alles wor fot un wie jesaat nüsmi op d'r Desch.
   Vadder stellt et Hus om Kop, Modder löft hem no:
   onger dem Schutt steng noch en Bar, et send noch Bunne do.
   Mer sent noch net bankrott, un jönt och net kapott.

4. Musbich sient d'r Jade en, fahre düschtisch Mess.
   Hant och en Platsch em Senn för de Wölleklös.
   Spricht mer dann ne Opa an: Saht, wie könt dat blus
   dat Ehr noch esu jott könt werke, dat es kenne Schmuß.
   Demm Opa lät dat kalt, hä orjelt met Jewalt.

Loß mich ens schiebe

Dieses Lied wurde getextet und komponiert ca. 1950 bis 1960 von Leonhard Vroomen, ehemaliger Sänger des MGV Mausbach.

Bearbeitet wurde das Lied nochmals von Hans Kleiner.

Dieses Lied handelt vom Kegelvergnügen in einem Mausbacher Kegelverein.

1. Hück han ich frei,___ hück jon ich e - rus,___ ich jon e - ne schie -
2. Et geht aat wig - ger wohl bes en de Fröh;___ dann jon ich no - hem,

be, dat es fa - mos.___ En dem Lo - kal___ do hür ich de Krach,
denn dann ben ich möh.___ Ich seng op'm Hem - weg su stell vör mich hen,___

___ do send se am ke - ge - le, jetz jet et e - ran:___ Loss mich ens schie -
___ bes dat ich do - hem___ an der Huus dör ben:___

be, loss mich ens dran.___ Ich nemm de Kou - wel en de Hank.___

___ Ich schieb se sach - te öv - ver de Bahn,___ und

fällt dann kee - ne öm, dann kütt der Vör - stand dran.___

3. So jeht dat wigger wohl bes en de Fröh,
dann jön ich nochhem, denn dann ben ich möh.
Ich seng op'm Hemwesch so stell vör mich hen,
bis dat ich dohemm an de Huusdör ben:

Refr.: Los mich ens schiebe usw.

Alaf de Veeth

Dieses Lied wurde getextet zu Fastnacht 1949 in Vicht von Andr. Franzen und komponiert von Josef Hurtz.

T: Andr. Franzen
M: Josef Hurtz

1. Ich kenn e Dörp-che op de Welt, dat kann mer jot je - fal - le, dat löht ich net öm al - les Jeld, om Rich-dom un Kri-stal - le. Do hat mi Mod-der mich je weegt, wat wo - re dat noch Zick - de, dr Vad-der op dr Schüß mickreeg un lehd mich do - rop rig - ge. Wenn mr mich fro - ge deht,___ sag ich: "Dat es de Veeht!"___

Refrain

A - laf de Veeht,___ a - laf de Veeht,___ a - laf de Veeht,___ un wenn___ se ver- jeht,___ jeht!___

75

2. Dat Dörpsche litt em Talesjrond, de Baach det ruschend flesse
un rähts un lenks dönt konterbont de Bereg et ömschlesse
En jeddem Fröjjohr komme wehr de Schwalbe en hön Nester
un Jung und Mäddche hand sich jähr, so wor et hü und jester.
Sulang die Veeht besteht dat niemols angesch weehd.
Refr.: Alaf de Veeht usw.

3. Su lang der Baach noch Wasser föhrt su lang lävt och dr Jöhres
dat mr metWasser Lehm anröhrt, dat weeß jo jedder Knörres.
Us »Lehm« und »Jörres«, wie bekannt, es ose Nam entstange.
mer wähde övverall em Land als Lehmjörres empfange.
Däm Lehmjöhres zor Ihr os Leddsche senge mer:
Refr.: Alaf de Veeht usw.

4. Doch wenn os leitzde Stöndche schleht, et jeht dann an et Sterve,
em Böisch mer os begrave deht em Lehm mer net verderve.
Zwor hat net Jeddermann de Ihr, dat an sie Graav se trööte
doch jeddem Veehter, dä do schlieft, däm dönt de Vojjel flöte.
Däm ruuscht dr hemmetwenk »«Schloff sillig, Veehter Kenk!«
Refr.: Alaf de Veeht usw.

5. Wenn ens de Welt jet övverkönt, moß och de Veeht dran jlöve.
Wie Mänscher es de os dat jönnt, weil mer verschünnt send bleeve,
als domols wor dr Feind em Land wie de Kanone bletzde;
dr Herrgott os met singer Hand su wunderbar beschötzde!
Drom sengt us Dankbarkeet »Alaf, Alaf de Vehht«!!!
Refr.: Alaf de Veeht usw.

Das Zweifaller Lied

Dieses Lied wurde erstmalig erwähnt im »Montjoier Volksblatt« am 13.10.1906.

Wer dieses Lied getextet und komponiert hat, ist leider nicht bekannt.

1. Mein Zwei-fall du, wie bist du schön, mit dei-nen Tä-lern,— dei-nen Höhn' liegst du da-hin— ge-gos sen,— am Ber-ges-hang, am Wal-des-saum, ein Bild so lieb-lich wie ein Traum, vom grü-nen Wald um schlos-sen.

2. Weiß nicht wo du am schönsten bist,
weil stets dein Bild ein andres ist.
Zu schauen mit Entzücken,
vom Tal zum Berg, vom Berg zum Tal.
dein Anblick wechselt jedes Mal,
von wo man dich mag blicken.

3. Wie traulich lacht der Ort uns an,
wie freundlich ist hier jedermann.
Als ob man wollte sagen:
Hier hemme, Wanderer, deinen
Schritt.
Wir fühlen dein Verlangen mit,
dein Zelt hier aufzuschlagen.

4. Der Wanderer aber schaut zurück,
so lang sich Zweifall zeigt dem Blick.
Halb traurig, halb beklommen:
Sei mir gegrüßt, mein Zweifall du,
dir ruf' ich aus der Ferne zu:
Bald werd' ich wiederkommen.

Perle im Voreifelland

Dieses Lied wurde von einem Zweifaller Heimatdichter zur Melodie »Die Perle Tirols« (»Kufsteinlied« von Karl Ganzer), geschrieben.

Leider konnte ich nicht in Erfahrung bringen, wer der Texter dieses Liedes ist.

2. Wie traulich lacht der Ort uns an,
   wie freundlich ist hier jedermann.
   Mein Zweifall du, wie bist du so schon,
   mit deinen Wäldern und deinen Höhn,
   mit deinen Wäldern und deinen Höhn.
   - zwei mal Jodler -

Bert Kloubert

Bert Kloubert hat während seiner aktiven Zeit in vielen Gaststätten und Auftritten immer als Bänkelsänger Lieder über Stolberger Ereignisse oder Persiflagen aus familiären Verhältnissen zum Besten gegeben.

Er hat mir die Lieder zur freien Verfügung noch vor seinem Tod gegeben.

Wir haben drei Lieder aus seinem reichhaltigen Repertoire ausgewählt.

En Stolberg, jo do ben ich jebore

Bert Kloubert

1. In Stol - berg,___ jo do ben ich je - bo - re,___ in Stol - berg ___ do ben ich ze Hem.___ Ja, he es meng Fa - mel - je___ un och all meng Fröng - de,___ he ben ich je - bo - re,___ he föhl ich mich wohl.___ Ja, he es meng Fa - wohl.___

2. Jes de van dr Maat no de Altstadt hen;
   es dir ens janz jewess;
   ‖:He kannst de Fiere und Läddcher sänge;
   Wie se ding Tant Tres vör 100 Johr at jekannt. :‖

3. Könnst de dann eraf no de Mölle,
   ja do hand se Dich janz flott bei de Wölle.
   ‖:he send se löstisch und janet fröstisch,
   he lache se jähr, he föhlst de Dich wohl

4. Jedem Neuzujang jev ich enne Rot;
   liert janz schnell Stolberjer Platt
   ‖:Dann bes de King en dat kleng Städtche;
   un du kris völl Freud mit die Stolberjer Mädcher :‖

5. En Stolberg do ben ich jebore,
   en Stolberg do ben ich zohem,.
   ‖:Un wenn dr Herrjott well blief ich noch 100 Johr he,
   denn in Stolberg do föhl ich mich wohl. :‖

81

Stolberjer Orjenale

Bert Kloubert

1. Van Stol-bärschs Or - je - na le,___ do han-delt dat Ledd-sche van.___ Di ver-
ston-ge noch alle-mol ze le- ve,_____ und brah-te su man-chem völl Freud.__ Di ver-
ston-ge noch alle-mol ze le- ve,_____ und brah-te su man-chem völl Freud.__

2. He jit et noch su manches Jässje,
   do es mer noch löstisch und fruh.
   ‖:We emol dat »offermanns Äppche«
   un et Peetzhoor wore ze hus.:‖

3. Em Prummehuck wondene de Fumme,
   en et Fluhjeißje Rimese Tring
   ‖:Em Vauelsang wod noch gesonge
   et leddsche von Pauelse Fing. :‖

4. Marxe Kobes, der föhr noch met de Lompe,
   de Hanspimmel wor van dr Prei,
   ‖: Dä Schulli dä daut noch de Wolke,
   nä wat wor dat en herrliche Zeit. :‖

5. Un jof ens Stritt met de Stadtgroß,
   dr scheve Löwenich wor met dobei.
   ‖: Dat madene de Fröndschaft kenne aafbroch,
   denn am Morje wor alles vörbei. :‖

6. Un en dat Kateringe Jässje,
   do jov et dr scheve Schings.
   𝄆 En de Klattstros wondene dr Kandel,
   Reitze Mattes , dä schoß noch op de Kning. 𝄇

7. Un wot ens bei Dohmens gestohle,
   e Fässje mit Schnaps, dat wor fott.
   𝄆 Dann broot mer net lang mij zu frohre,
   Grülle-Hennes, dä hot et met de Fott. 𝄇

8. Dr Johann, dä mot vör dr Karoli,
   dr Schleicher , dä soß am Jericht,
   𝄆 Hä sat, dat es doch net ierlich,
   jetz moß de beim Funz op de Britsch. 𝄇

9. Un wenn mer sich dat Leve su bedenkt,
   dann wor dat en prächtije Zitt,
   𝄆 Wo all die Orijenale,
   de Lostischkeet hand verbreet. 𝄇

D´r Discoschreck

Oma, dönn mer die Bux erus met dem neue Discohemd.

Ich weel en ming Disco jonn.

Bert Kloubert

1. Dat Ledd-sche, wat ich üsch nun seng, dat han-delt van d'r Opp. Hä lävt seit je-

rau-mer Zikk so rich-tig flott. Foff-zig Johr so - lid, so - lid hä em-mer

Refrain

wor, hat hä hü mer e-nes in d'r Kopp. On-sre al-de O-pa ist

au-ßer Rand und Band, su ham-mer on-se-re O-pa nie ge kannt.

Frö - her sooß hä mäd et Pief - je en der Eck,

hü es he be - kannt als Dis - co - the - ken - schreck!

2. Dat Leddsche wat ich üsch nun seng,
   dat handelt van der Opp.
   Hä lävt seit jeraumer Zikk so richtig flott,
   foffzig Jor solid, solid he emmer wor,
   hat he hü mer enes in der Kopp.
   Refr.: Onsere alde Opa ist ausser Rand und Band,
   su hammer onsere Opa nie gekannt,
   fröher soos he mäd et piefje en der Eck,
   hü es he bekannt als Discothekenschreck.

3. Die Oma sätt, dat halt ich einfach net mie uus,
   Dä Opa is jo kenne enzije Dag zuhuus;
   morjens en do fröh dann es dä Käll at fott,
   ovends kütt e wehr, ja dann es he janz kapott.
   Refr.:Onsere alde Opa usw.

4. Köönt e en et Lokal, da dann es die Stimmung jruß,
   Enn Rond för uns all, un dann jet et los.
   Mark för Mark, schmeißt he en dä Apparat
   und hürt dobei sing Lieblingsplatt.
   Refr.: Onsere alde Opa usw.

5. Well mer hem besökke, ja dann es et Os net do,
   denn hä jeht sing leffste Arbeet nooch,
   morgens en der fröh, dann es hä at op Jang,
   denn hä hat ne Diskothendrang.
   Refr.: Onsere alde Opa usw.
   (Dann 3 x wiederholen)

Kurt Schumann, bekannt geworden als »Trucker Kuki«, hat während seiner Tätigkeit als Trucker, auch während den Fahrten, verschiedene Lieder komponiert und getextet. Viele Zeitungsberichte aus den 80er und 90er Jahren zeigen seine Engagements. Nicht nur das er für Willy Millowitsch ein Lied komponiert hat, nein, auch über das Trucker-Dasein und Stolberger Ereignisse.

Aus seinem Repertoire haben wir die nachfolgenden zwei Lieder ausgewählt. Wie seine Familie mitgeteilt hat, war »Trucker Kuki« sehr schwer erkrankt und konnte daher keine weiteren Details mehr erzählen und ist auch zwischenzeitlich verstorben.

Auch seine Frau und der Musikverlag, der seine Lieder verlegt hat, haben vergeblich versucht, Unterlagen aus seiner aktiven Sangeszeit zu finden. Mit diesen Liedern wollen ihn aber in unserer Erinnerung behalten.

Heimweh noch Stolberg

Trucker Kuki

1. Wenn mer kleen es,___ da drömt mer van der jru-ßen, wei-ten Welt, fer-ne
Län-der, frem-de Men-schen,doch wie weeß ich, wat wirk-lich zällt? Ich han
Heim-weh___ no Stol-berg,ich han Heim-weh no do hem, völl zu lang___ die joo-de
Frön-de, völl zu lang___ nett me je-sehn, und die Burg, die klee-ne Jäss-jer, wo mii
Hätz so siehr dran hängt, nüs es so schlemm wie et
Heim - weh, dat weeß dä,___ der Heim - weh kennt.

2. Jo, als Trucker do es mo völl ongerwejs,
jo dat es klor, enne Traumjob fern der
Heimat,
doch dann denk ich doröver noch.
Refr.: Ich han Heimweh usw.

3. Op dr Highway des Levens
wo mich ming Lück, ja dat bes Du,
und minge Dröhm dröhmt jetzt de
Kleene,
hü säht he, Papp hür mich ens zoo.
Refr: Ich han Heimweh usw.

Taktwechsel:
Refr.: Ich han Heimweh noch
Stolbersch,
ich han Heimweh noch dohem,
völl zu lang die jode Frönde
völl zu lang nett me jesehn
und die Burg, die kleene Jässjer
wo mii Hätz so siehr dran hängt,
ll:nüs es so schlem wie et Heimweh,
dat wes dä, der Heimweh (Stolbersch)
kennt.:ll

Echte Stolberjer Jong

Trucker Kuki

rhythmisch frei

1. Joh - re bin ich en de Welt e - röm je - fah-re, wor öv-ver-all, jo do wor et

schön. Doch enn Stemm in mir, die hoot ich em - mer wie - der

sa - re: Du häs die Burg von Stol-berg lang net me je - sehn. Ich ben ne ech-te

Stol-ber-jer Jong, janz e - jal, wo ming Zel-te noch stond. Et treck mich no-heem

wie ne Mag-net, de - heem ze kom-me es et nie zu spät.

rhythmisch frei

2. Als ich noch kleen wor und ming Hei - mat-stadt noch net e - su rich - tig

kannt, ben ich janz al leen ens dörch-je brannt. Kom dörch Stro-ße, die ich noch nie je-

sehn, doch ech-te Stol-ber-jer fengt em-mer wer et Heem. Ich ben ne ech-te

Stol-ber-jer Jong, janz e - jal, wo ming Zel-te noch stond. Et treck mich no-heem

rhythmisch frei

wie ne Mag-net, de heem ze kom-me es et nie zu spät. 3. Ich liir-te ens e Mäd-che

ken-ne,   et wor jo so won-der schön.   Et wohl mich met sich nem-me,   mit fott   no

sich noch heem.   Do han ich je-sajt: Ich ben ne ech-te   Stol-ber-jer

Jong,   janz e - jal, wo ming Zel - te noch stond.   Et   treck mich no-heem

wie ne   Mag-net,   de - heem ze kom-me es et nie zu spät.

Heimatlied auf das schöne Tiefental

Dieses Lied hat Dominik Pieters im Jahre 1946 bei einem Besuch in der Gaststätte »Klaus Lesmeister« geschrieben, da ihn das Plätschern des Baches hierzu inspiriert hatte.

Der Text wurde auf der Rückseite eines Bildes der Gaststätte niedergeschrieben, wobei leider das Bild nicht mehr vorhanden ist.

Dominik Pieters 1946

1. Ganz still_ ver-bor - gen, eng_und schmal,_ ein Bäch-lein rinnt_ _ durchs Tie-fen-tal,_ bald heim-lich hier,_ bald hur-tig dort,_ _ fließt es da-hin von Ort_ zu Ort._ O klei-nes Bäch-lein im Tie-fen-tal!_ Ich denk an dich_ so man-ches Mal._ _ Es schwin-den mei-ne Sor-gen hin,_ _ wenn ich in dei-ner Nä-he bin!_

2. Am Viehweg auf der kleinen Brück,
   ein Paar oft sitzt in stillem Glück!
   Das Bächlein hört an diesem Ort
   manch heimlich trautes Liebeswort
   Refr.: Oh, kleines usw.

3. Wie mancher ist nun heute fern
   und denkt an dich doch immer gern.
   In dunkler Nacht er steht und lauscht,
   ob irgendwo ein Bächlein rauscht.
   Refr.: Oh, kleines usw

Bild- und Textnachweise

Liederblätter 1 bis 12

Diese Liederblätter wurden durch den Verein Burghaus 81 e.V. seinerzeit erstellt. Die Nutzungsrechte wurden von den Künstlern für den Burghaus 81 e.V. freigegeben.

Im Jahre 2005 wurde der Verein aufgelöst und alle Rechte und das gesamte Vermögen (wozu auch die Liederblätter zählten) wurde 2007 der Kupferstadt Stolberg übertragen.

Die Kupferstadt Stolberg hat uns die Nutzungsrechte freigegeben.

Et floch en Fott dat Dach erop

Text und Melodie stammen von Arndt Hamacher

Löstige Stolberjer Jöngelcher

Die zweite Version hat Kurt Joußen übernommen und neu arrangiert.

Tief im Eifelland

Der Text stammt ursprünglich von Manfred Ulrich und die Melodie stammt aus dem Odenwälder Volkslied »Die schöne Odenwälderin« neu arrangiert von Gunther Antensteiner.

Stolberger Platt

Text und Melodie stammen von Arndt Hamacher und wurden von Gunther Antensteiner neu arrangiert.

Stolberg, mein Stolberg

Dieses Lied stammt aus Stolberg im Harz.

Der Text stammt von Erika Schirmer und die Originalmelodie von Hans W. Vogl. Gunther Antensteiner hat das Lied dann z. T. neu arrangiert.

Stolberger Nationallied
Stammt voraussichtlich aus dem 19.Jahrhundert. Die Melodie hat Gunther Antensteiner neu komponiert.

Als Büsbach noch Gemeinde war
Der Text stammt von Theo Düppengießer und der Komponist ist Friedel Schwarz. Das Lied wurde neu arrangiert von Josef Otten.

Bösbijer Jonge
Dieses Lied wurde 1935 getextet und komponiert von Dominkus Pieters. Gunther Antensteiner hat das Lied neu arrangiert.

Das Lied von Mausbach
Getextet von der Lehrerin Frl. Kaussen und mit der Melodie von »Horch, was kommt von draußen rein« versehen.

Markuslied
Getextet und komponiert hat 1930 dieses Lied der Mausbacher Pfarrer Arnold Ortmanns.

Wölle Bunne
Dieses Lied wurde nach einer mündlichen Übermittlung durch Günter Flamm neu arrangiert.

Loß mich ens Schiebe
Dieses Lied wurde getextet und komponiert ca. 1950 bis 1960 von Leonhard Vroomen. Neue arrangiert hat es Hans Kleiner.

Alaaf de Veeth
Dieses Lied wurde getextet von Andr. Franzen und komponiert von Josef Hurtz.

Perle im Voreifelland

Der Text von 1990 stammt von der Zweifallerin Brigitte Buchbinder. Die Melodie hat sie vom Lied »Die Perle Tirols (Kufsteinlied« von Karl Ganzer) genommen.

En Stolberg, jo do ben ich jebore
Stolberger Orijinale
D'r Discoschreck

Diese Lieder hat Bert Kloubert lange Zeit in Stolberg gesungen und hat mir die Verwendung für dieses Liederbuch noch vor seinem Tod freigegeben.

Heimweh nach Stolberg
Echte Stolberjer Jong

Text und Melodien stammen von Kurt Schumann, bekannt als Trucker Kuki.